O GOSTO DAS PEQUENAS VITÓRIAS

Coleção Vida Plena

- *A chave para a felicidade*
  Adrina Fregonese, Lílian Hsu, Cátia Monari
- *A coragem de ser responsável: descubra se você é reativo ou proativo, omisso ou comprometido*
  Carlos Afonso Schmitt
- *Amor e libertação: superando mágoas e invejas, ciúmes e traumas emocionais*
  Carlos Afonso Schmitt
- *Aprendendo a viver: caminhos para a realização plena*
  José Manuel Moran
- *Forças para viver: palavras de ânimo para quem sofre na alma e no corpo*
  Carlos Afonso Schmitt
- *Na esperança do reencontro: para quem está de luto e deseja superar as lágrimas*
  Carlos Afonso Schmitt
- *O gosto das pequenas vitórias: como vencer os medos que nos afligem diariamente*
  Carlos Afonso Schmitt
- *O poder da palavra: os incríveis efeitos do pensamento e da fala sobre nossa vida*
  Carlos Afonso Schmitt
- *O poder da superação: como recuperar a saúde e viver de bem com a vida*
  Carlos Afonso Schmitt
- *O segredo da longevidade: sonhos e desafios para manter-se ativo e saudável em qualquer idade*
  Carlos Afonso Schmitt
- *Um hino à alegria: dos males da tristeza aos cânticos da vida*
  Carlos Afonso Schmitt
- *Um novo jeito de vencer a depressão: a cura possível através da terapia holística*
  Carlos Afonso Schmitt
- *Viver com paixão!*
  Valério Albisetti
- *Viver sem pressa: o desafio de administrar sua ansiedade*
  Carlos Afonso Schmitt

CARLOS AFONSO SCHMITT

O GOSTO DAS PEQUENAS VITÓRIAS

Como vencer os medos
que nos afligem diariamente

Dados Internacionais de Catalogação na Publicação (CIP)
(Câmara Brasileira do Livro, SP, Brasil)

Schmitt, Carlos Afonso
   O gosto das pequenas vitórias : como vencer os medos que nos afligem diariamente / Carlos Afonso Schmitt. – 4. ed. – São Paulo : Paulinas, 2012. – (Coleção vida plena)

Bibliografia.
ISBN 978-85-356-3166-1

1. Ansiedade 2. Atitude – Mudança 3. Autoajuda 4. Conduta de vida 5. Medo 6. Timidez 7. Vida espiritual I. Título. II. Série.

12-04996   CDD-200.19

Índice para catálogo sistemático:
1. Medo : Superação : Psicologia religiosa 200.19

Direção-geral:
Flávia Reginatto

Editora responsável:
Luzia M. de Oliveira Sena

Assistente de edição:
Andréia Schweitzer

Coordenação de revisão:
Marina Mendonça

Revisão:
Ruth Mitzuie Kluska

Direção de arte:
Irma Cipriani

Gerente de produção:
Felício Calegaro Neto

Projeto gráfico de capa e miolo:
Telma Custódio

4ª edição – 2012
3ª reimpressão – 2021

Nenhuma parte desta obra poderá ser reproduzida ou transmitida por qualquer forma e/ou quaisquer meios (eletrônico ou mecânico, incluindo fotocópia e gravação) ou arquivada em qualquer sistema ou banco de dados sem permissão escrita da Editora. Direitos reservados.

Paulinas
Rua Dona Inácia Uchoa, 62
04110-020 – São Paulo – SP (Brasil)
Tel.: (11) 2125-3500
http://www.paulinas.com.br – editora@paulinas.com.br
Telemarketing e SAC: 0800-7010081

© Pia Sociedade Filhas de São Paulo – São Paulo, 2009

Introdução

Vamos chamá-lo de Carlos, nome meramente ilustrativo. O personagem, porém, é real. Ele experimentou em sua vida *o gosto das pequenas vitórias*, uma por uma, levando-o a grandes conquistas. Degrau por degrau foi subindo na vida.

Inicialmente, nada foi fácil. Menino da roça – mais um entre muitos filhos de uma família pobre –, Carlos foi aprendendo, passo a passo, os caminhos do sucesso.

Aos poucos foi criando a coragem necessária para firmar-se na vida. O gosto da vitória nem sempre fora doce. Por vezes, misturava-se ao amargo sabor da ansiedade e do sofrimento que o acompanhavam.

Positivo e determinado, Carlos não desistia jamais. As lições que a vida lhe ensinava, carinhosamente as guardava em seu coração. E delas se valia diariamente, sabendo que aprender

- é alargar horizontes,
- é superar barreiras,
- é abrir caminhos onde não há caminho.

Essa era sua crença. E assim procedia. Sua exagerada timidez, no entanto, constrangia-o frequentemente. Seus medos o atrapalhavam.

Vencer na vida era seu grande sonho.

Com fé, ousadia e garra, ele o conseguiu.

Quer saber como?

1. Somos sonhadores

Nada nesta vida acontece por acaso. Ela é o resultado das escolhas que fazemos, das atitudes que tomamos, e também das escolhas e atitudes de nossos pais e de nossos antepassados.

Às vezes, porém, sentimos que o tipo de vida que levamos não é para nós. Sentimos, em nosso íntimo, um apelo para crescer e evoluir na vida.

Somos sonhadores, com um coração de águia, prontos para voar.

No início, não sabemos, ao certo, a direção. Para onde o voo nos levará, ainda é uma incógnita. No entanto, é preciso voar.

Deparamo-nos, então, com os primeiros obstáculos familiares e sociais, crenças que muitas vezes nos acorrentam à mediocridade de uma vida sem perspectiva por falta de um questionamento que rompa o círculo do conformismo em que todos se arrastam. E seguimos adiante levando uma vida sofrida, sem expectativas de mudança.

Estudar, trabalhar, crescer, namorar, casar... e seguir os passos de nossos pais, de quem ouvimos que é preciso trabalhar muito e aceitar com gratidão aquilo que Deus nos dá, como se tudo estivesse preestabelecido por um Criador, Pai benevolente com sua criatura necessitada.

Em determinados momentos perguntamo-nos: devemos seguir nosso destino?

Como entender o que nos disseram na catequese, quando nos explicaram que Deus concedeu *liberdade de escolha*, ou seja, LIVRE-ARBÍTRIO ao ser humano?

"Deus quis assim", dizem algumas pessoas. Mas é *ele* ou somos *nós* que traçamos nosso destino? Será que nós ajudamos a escolher nosso caminho?

"A vida é a gente quem faz", dizem aqueles que já levantaram voo. E completam: "Estude bastante, busque sempre mais, siga em frente! Realize seus sonhos!".

Mas, se a autoestima não é das mais positivas, se não há dinheiro, nem condições de cursar uma faculdade, como fazer?

"O que vim fazer aqui?", outros se perguntam.

Um coração inquieto pulsa em nosso peito.

Sonhos acalentados são energias que se materializam. E mesmo sem compreendermos ainda o misterioso mecanismo que vai entrelaçando a teia da vida, vamos percebendo que os limites não são intransponíveis nem assustadores demais.

Um grande problema pode ser *a timidez, os medos* que nos atribulam diariamente em nossos sonhos mais ousados.

Sem saber o porquê, no entanto, uma voz interior nos empurra para a frente.

Deus abençoa nossos sonhos e eles nos levam a ser pessoas realizadas, importantes na vida de muitos.

É preciso acreditar!

Acredite: você pode!

Saia do seu conformismo e pague o preço de seus sonhos.

Você verá que vale a pena!

2. As primeiras luzes

Aos poucos, você começa a entender a *duplicidade de forças* que há em cada um de nós. São as chamadas "polaridades", as quais nos fazem sentir que dentro de nós mesmos há um alguém *medroso* e um alguém *corajoso*.

- Há uma parte de nós que recua, que acha tudo difícil, que tem uma visão limitadora da vida, tímida, com baixa autoestima e que tende a acomodar-se diante dos problemas.

- E há uma outra parte sonhadora, ousada, cheia de ideias altruístas, capaz de grandes empreendimentos – uma pessoa idealista, com "coração de águia".

A verdade é que vivemos numa constante polaridade. Sabemos do valor da luz porque conhecemos as trevas. Apreciamos o bem porque detestamos o mal. Valorizamos a saúde porque sofremos com a doença. Agrada-nos o dia porque tememos a noite. Enfim: tudo nos é dado a conhecer porque o seu oposto nos confere o necessário discernimento. Quando as trevas da ignorância desaparecem, a luz do espírito resplandece em nós.

A polaridade do *medo* costuma ser muito forte. Quantas vezes o medo impõe seu domínio sobre nós! Desacreditamos de algum sonho ou nos sentimos incapazes de concretizá-lo porque damos ouvidos à voz da inferioridade, desistindo de vencer. Facilmente nossa farta imaginação se alimenta da negatividade do ambiente social e permitimos que o pessimismo turve a clareza de nossa visão. Sentimo-nos, então, fracos, desanimados, descrentes de nossas reais possibilidades. Literalmente *paralisados* perante o futuro.

No entanto, quando nos ligamos afetiva e mentalmente à polaridade do *amor*, a coragem de viver desperta em nós. Então, é como se os horizontes se abrissem e pudéssemos caminhar seguros em direção a nossas conquistas. Sentimo-nos tomados de uma poderosa energia transformadora, capaz de grandes realizações. Como se o espírito de Deus se apoderasse de nós e tudo fosse possível alcançar. Nada nos segura. Nada nos impede: nossa força interior beira a magia. Pequenos milagres sucedem-se constantemente porque nossa fé nos impulsiona.

Se estamos determinados a crescer, superamos nossos medos e mostramos ao mundo nossa missão. Com ela, nossa identidade desponta, sólida: viemos para brilhar, para iluminar o caminho de muitos.

Como isso se dá, muitas vezes não conseguimos vislumbrar. Apenas alimentamos a certeza interior de que somos guiados por Deus. E nossas *pequenas vitórias* transformam-se em *grandes conquistas*.

Nosso desafio consiste, portanto, em nos mantermos na polaridade do amor, dando-lhe toda a atenção, dedicando-nos a seguir, da melhor forma possível, as nossas inspirações.

Quando isso acontece, nossa vida se enche de entusiasmo e nossos objetivos facilmente são alcançados. O AMOR, a força que move o universo, impulsiona nossos atos. Com ele, a fé e a coragem tornam-se alicerces inabaláveis, garantindo com absoluta segurança a estrutura de um futuro promissor e luminoso.

Precisamos, pouco a pouco, silenciar a polaridade do medo.

Melhor: ela deve ser equilibrada.

Ela está aí e quer ser ouvida: tem suas razões para existir.

É o reverso da medalha.

3. Determinado a vencer

Nem tudo é brilho e luz em nossa caminhada. Os revezes, que costumam acontecer com mais ou menos frequência, nos obrigam a repensar as estratégias de superação que adotamos e que falharam.

Uma boa ideia é fazer um criterioso *feedback*, analisando com todo cuidado o que deu e o que não deu certo, procurando descobrir as causas dos êxitos ou dos fracassos.

O *medo de não conseguirmos alcançar nossos objetivos*, de sermos incapazes de executar determinadas tarefas, de não correspondermos às expectativas da empresa, de não agradarmos à pessoa amada... tudo pode se tornar um terrível empecilho, atravancando nosso sucesso.

- Quanto conflito com nossa autoimagem!
- Quanta insegurança diante de certos desafios mais importantes!
- Quanta indecisão em assumir compromissos maiores!
- Quanta insônia, remoendo escolhas feitas ou decisões a serem tomadas!
- Quanto sofrimento em vão, excesso de ansiedade apimentando novas atitudes!

Determinados a vencer, precisamos aprender constantemente com nossos insucessos. É uma experiência a mais reunindo-se às já existentes. Fortificamo-nos, assim, para prosseguirmos em nosso caminho. Se não foi hoje, amanhã com certeza conseguiremos.

É importante mentalizar diariamente nossas metas e objetivos, alimentar a certeza de que o universo responderá favoravelmente aos nossos desejos. Procurar realizar com garra e persistência tudo o que estiver ao nosso alcance, jamais recuando diante de pequenas dificuldades que surgirem. Se recuarmos, que seja para rever nossas estratégias, alinharmo-nos decididamente com o objetivo proposto, direcionando-nos para atingir o alvo.

Disciplina, planejamento, organização, método – estes são requisitos indispensáveis na jornada de um campeão. Sem eles ninguém progride. Ninguém rompe barreiras sem contar com sua força. Ter estrutura e planos sólidos, priorizar tarefas e dividir o tempo da forma mais adequada possível. Saber que precisamos contar com os outros, que a vida se faz em parceria, que ajudar as pessoas a crescer é fundamental para nosso próprio êxito.

Não interessa crescer sozinho. Bom é levar outros consigo, repartindo com eles *o gosto das pequenas vitórias*. A alegria se torna muito mais saborosa quando muitos a sentem também, quando é partilhada de coração a coração.

Há flores acompanhadas de espinhos. Nem por isso deixam de ser menos belas. Há conquistas com ar de sofrimento, nem por isso deixam de ser válidas.

Vivemos na polaridade. Na finitude de nossos desejos. Somos, por natureza, buscadores. Se nada nos satisfaz plenamente, o Infinito nos acena com sua luz. Nossa condição humana nos limita, mas nosso espírito nos liberta.

Eternos peregrinos em busca da plenitude.

Sinta-se assim.

Continue em sua peregrinação!

4. Superando etapas

A timidez é uma característica que se esconde nas raízes mais profundas da alma.

Pessoas de temperamento introvertido, às vezes, parecem ter herdado o comportamento de seus antepassados. "É igualzinho ao avô", os familiares comparam, mas se esquecem de que *temperamento não é destino*.

Temperamento é um conjunto de traços pessoais que pode ser trabalhado. Se não pode ser trocado, pode ser lapidado. Introvertido de nascença, extrovertido por aprendizado. Na base de tudo, a introversão e a timidez podem persistir. Serão desafios permanentes, como se toda vez fosse preciso vencer de novo. O *treino* e a *constante repetição*, porém, vão criando uma nova face, transformando o jeito inato de ser. Forma-se o caráter. Cria-se a personalidade.

Abordar um desconhecido, seja para pedir as horas, seja para pedir que troque uma nota de cinco reais, pode ser extremamente complicado. Mesmo que tenhamos aprendido "como chegar" e o que pedir, na "hora H" a ansiedade aumenta e ficamos sem ação, irritados com nós mesmos, achando impossível tanta fraqueza, um medo tão desproporcional.

"Coisa mais simples do mundo", dizemos para nós mesmos. "Claro que vou conseguir!" E lá vamos nós, procurando superar etapas. Até que, certo dia, fica mais fácil. O coração nem dispara. Alcançamos, com folga, as metas propostas. Ficamos felizes.

"Parabéns!", dizemos a nós mesmos, lembrando como foi difícil – por mais que a vontade o quisesse...

- abordar a menina ou o menino por quem nos encantamos na adolescência;

- encarar a primeira dança ("O que vai pensar de meu jeito sem graça?");
- criar coragem e convidar para comer uma pizza ("Vai gostar do convite ou achar ousado demais?");
- "ficar", namorar, apresentar aos pais... ("Meu Deus, que barra!").

Os tímidos compreendem essas dificuldades. E sabem que tudo tem solução.

Aprende-se a melhorar a comunicação, aprende-se a *extroverter-se*. Leva tempo, é preciso persistência e tenacidade, mas nos alegramos com cada etapa vencida, sentindo nossa autoestima aumentar consideravelmente. Aprendemos a nos conhecer e adquirimos consciência de nossos limites: sabemos do que somos capazes se tivermos a fé necessária e a ousadia correspondente.

"O caminho se faz caminhando" diz o ditado. Temos de fazer jus ao enunciado e assumir o gosto pelo desconhecido, sem desistir de nosso intento, mesmo que diante de certas circunstâncias brote o suor ou sintamos um frio no estômago. Não desistir até descobrir como desvendar o enigma e resolver a questão.

"Santa teimosia", dirão alguns. Teimosia que nos renderá momentos de glória, situações de angústia, horas de conflito. Mas de tanto insistir, *reprogramamos nosso inconsciente*, tornando-nos naturalmente mais abertos e comunicativos.

Afinal, mudar é nosso objetivo. Alcançá-lo será nossa alegria.

Do menino da roça ao homem de negócios. Da moça introvertida à comunicadora de sucesso. Do jovem acanhado e sem jeito ao pai de família respeitado e benquisto.

Trajetórias comuns.

No entanto, belas e transformadoras.

5. Traumas de infância

Traumas fazem parte do crescimento. É normal. Podem ser vários e não há como não tê-los.

Há quem tenha sido criado em família numerosa, em ambiente de pobreza, muitas vezes privado do mínimo necessário para desenvolver-se de forma saudável. Mesmo quando consegue certa estabilidade na vida, vive economizando e priva-se dos confortos que poderia desfrutar com medo de voltar a passar necessidade. Outros, ainda crianças, viveram situações desesperadoras, como uma forte tempestade que destelhou a casa enquanto a família pedia socorro a Deus. Daí em diante, quando as nuvens escuras se armam nos céus, o coração dispara e, aos sobressaltos, parece querer sair pela boca.

O pânico percorre o corpo, o desespero toma conta, mesmo que nada justifique tal reação extremada. A pessoa se angustia, em silêncio, com vergonha de falar do que sente. Tenta encarar a situação e amorizá-la; tenta acalmar os medos, mas tudo parece ser em vão.

É preciso buscar ajuda, fazer algumas sessões de terapia, tomar Florais de Bach para amenizar os traumas e, pouco a pouco, fazer as pazes com o dinheiro ou com o mau tempo. Tudo bem ficar inquieto, mas sem pânico.

Há também os que, curiosos e imprudentes como toda criança, sofreram acidentes na infância. Cair num lago, por exemplo. Corre-corre, gritaria, mas por sorte havia alguém que, mesmo sem poder impedir, presenciou o fato e salvou do afogamento. Que susto! Água se torna, então, um trauma. Mergulhar a cabeça no banho já é demais. O coração dispara.

Situações como essas são impasses a superar, lições a aprender. Quando se está disposto a resolver, é possível começar "enfrentando" riachinhos, com água pelo joelho, ou uma piscina rasa. Qualquer palmo a mais é motivo para festejar. De mãos dadas com uma pessoa em quem se confia, ir se arriscando sempre mais. Ainda assim, sustos podem acontecer e, por um momento, o chão sumir debaixo dos pés. Nesse instante, o coração dispara e parece que uma âncora puxa para o fundo. Calma! Foi só o medo voltando. Respire fundo, tranquilize o coração... Assim, de tentativa em tentativa, um dia aprende-se a nadar!

Conquistas como essa têm um sabor especial. Sabor de liberdade, de acampamento, de pescaria. Senão, como sair com os amigos sem poder andar de barco, atravessar um rio a nado, entrar na água para desfrutar o melhor do verão?...

Como é bom sentir-se livre, igual a seus amigos!

O medo também pode ser de cachorro. Talvez porque na infância tenha sido mordido por um cachorro preto. A partir daí, todos os cachorros são "pretos e perigosos". É algo simplesmente incontrolável. Basta um cachorro aparecer, e o gatilho dispara. Leva-se anos para achegar-se a um deles sem que o medo se apodere da mente. Até que o inconsciente aceita a ideia de estar ao lado de um cachorro. Só então o medo diminui e é possível festejar mais uma vitória. Pequena sim, mas vitória!

A vida vai sendo trilhada em caminhos de superação.

Como é consolador ver-se mudando!

Como é bom sentir-se diferente!

Como é gratificante saber que VIVER É EVOLUIR, VIVER É MUDAR!

6. Atitudes vencedoras perante o medo

"Ador ensina a gemer", diz o ditado.

Trazemos na bagagem inúmeras lições, aprendizados bem-sucedidos ao longo de nossa trajetória evolutiva, cultura adquirida em leituras, em pesquisas na internet, com a participação em cursos de aperfeiçoamento... Informações preciosas para usar em determinados momentos. As experiências da vida nos ensinam a tomar as melhores atitudes diante de certas situações.

Em se tratando de medo, nossa imaginação é extremamente fecunda. Inventa o possível e o impossível com a mesma rapidez e precisão. Sugere os mais incríveis perigos e as mais desastrosas consequências perante pequenos obstáculos a serem transpostos.

É importante estar bem prevenido e psicologicamente preparado para lidar com as ameaças que o medo elabora, como a *tentação da fuga*, para evitar o confronto com a realidade temida. Essa é a primeira sugestão que o medo apresenta.

- "Fique em casa. É mais seguro."
- "Você não precisa se expor desse jeito."
- "Você vai se sentir mal no meio de tanta gente."

A intenção positiva do medo é *proteger*. Impedir que você sofra, passe vexame, sinta sua autoestima rebaixada. O que o medo não sabe – e precisamos dizer-lhe isso clara e firmemente – é que o compromisso assumido tem de ser realizado; que o seminário na escola é para hoje e precisa ser feito; que a palestra tem de ser dada; que a missa do batizado não pode ser transferida. É preciso estar lá, marcar presença.

"Tudo bem, vamos lá."

Logo surge uma sensação de intranquilidade. A ansiedade gera um mal-estar generalizado e parece que vamos desmaiar. As mãos suam e o coração acelera. E agora?

"Já estou em frente ao público..."

"Sou padrinho de batismo..."

"A reunião que dirijo iniciou..."

E agora, José? O poeta tem toda razão: e agora, *você*?

Você que tem medo, que treme, sua, respira ofegante, está zonzo, impaciente... E agora?

MEDO SÓ SE VENCE ENFRENTANDO-O.

Essa é a verdade. Esse é o segredo.

Aguente firme! Fique aí! *Respire fundo* e, conscientemente, *acalme-se*. A crise dura pouco. Logo passa e você terá registrado em seu inconsciente a marca de uma vitória.

Nosso cérebro registra tudo. Sua vitória está arquivada e na próxima vez será mais fácil vencer. Há um mecanismo de comparação que automaticamente entra em atividade no momento em que se repete uma situação idêntica ou similar.

Vitória atrai vitória, assim como êxito atrai êxito.

Lembre-se, porém: o contrário também é verdadeiro. Evite-o!

Parabéns! Você conseguiu!

A vontade de transferir o compromisso, de simplesmente ficar em casa, de sair no meio da cerimônia... Tudo foi corajosamente enfrentado e vencido. A superação dos medos, desse estado de ansiedade que aumentava sempre mais, nos dá um novo alento.

Vamos prosseguindo!

Estamos no caminho certo.

7. Os medos necessários

Se o medo, em geral, é tão prejudicial, qual, então, sua verdadeira finalidade?

- A noite é necessária e as trevas têm sua função. Há mecanismos do cérebro que só exercem seu papel quando está escuro.
- A doença é um convite à saúde, porque às vezes é ela – e só ela! – que nos acorda para os verdadeiros valores.
- O medo é o reverso da medalha, é o que nos mantém atentos e nos faz perceber aquilo que de outra forma passaria despercebido.

Fomos, porém, *condicionados*, desde a infância, a dar muito valor e a concentrar nossa atenção unicamente ao lado-medo. E ele cresce. Firma-se. Impõe sua força. Por vezes, literalmente nos domina e manifesta-se de diversas formas:

- A *timidez* é o medo social. Os outros nos intimidam, mesmo que não queiram. Sentimo-nos inferiores e inseguros perante eles.
- A *ansiedade* é o medo relacionado ao futuro. O amanhã nos assusta, nos inquieta. Tudo que está por acontecer intimida e nos deixa intranquilos.
- As *preocupações* exageradas geram vibrações negativas e atrapalham muito mais do que ajudam.

Vez por outra, em meu consultório, alguns pacientes pedem que eu lhes tire seus medos: "Por favor, me hipnotize e tire meus medos. Eles me limitam por demais!".

Porém, não é possível viver de modo saudável sem algum tipo de medo. Perderíamos a *noção do perigo*. Atravessar uma rua poderia ser fatal. As águas revoltas do rio poderiam tragar-nos. O fogo queimar-nos-ia se não tomássemos as devidas precauções.

Há, portanto, *medos necessários*. Vamos olhá-los de forma positiva e "batizá-los" adequadamente.

- A *prudência* nos faz precavidos. Torna-nos cautelosos, previdentes, moderados diante de possíveis exageros. É uma virtude das mais preciosas.

- O *cuidado* consigo e com os outros nos faz exercer nossa atenção e nosso desvelo a quem precisa deles – em primeiro lugar, a nós mesmos: nós somos a fonte; nenhuma água será boa se a fonte não for cuidada; e depois *os outros*: protegendo-os, incentivando-os, ajudando-os a crescer.

- O *zelo* se manifesta no interesse em ver bem, felizes e saudáveis, as pessoas que queremos bem, como a mãe que se dedica aos filhos e a afeição de alguém pela pessoa amada.

Este é o *lado positivo* do medo, necessário e altamente educativo. Nele, a polaridade do amor se manifesta em suas mais diversas formas de proteção. Precisamos desenvolvê-lo ao máximo para beneficiar nossa vida e a dos outros. São forças que nos mantêm atentos, antenados a tudo que sucede conosco e ao nosso derredor. Abrem-nos os olhos do espírito para *ver além*, ultrapassando os meros limites físicos. Tornam-nos mais compreensivos, solidários, espiritualmente desenvolvidos.

Ressignifique seus medos, amigo leitor.

Convém reinterpretá-los para aprender com eles e evoluir, superando etapas.

Lembre-se: "O incerto é sua certeza. O caminho se faz caminhando."

8. O medo de falar em público

Uma boa alternativa para lidar com alguns tipos de medo pode ser a Programação Neurolinguística (PNL).

Em certos casos, a vida da pessoa muda consideravelmente e em vários setores. A primeira e mais notória mudança é a *postura mental em relação a si mesmo*. A pessoa começa a ver-se capaz, sentir-se importante, ouvir de si mesma e dos outros que é possível vencer na vida.

Outra lição da PNL, que muito repercute na vida social das pessoas, diz respeito à comunicação.

Existem dois tipos de comunicação:

- a comunicação *interna*: aquela que se tem consigo mesmo. O que *você se diz antes* de fazer algo; *durante* e *após* a execução.
- a comunicação *externa*: consequência da interna. É *como* você realiza o que faz: como se apresenta, fala em público, age ou reage diante das pessoas e dos fatos.

Falar em público é um caso típico de medo. Quanta ansiedade inutilmente gasta e às vezes por tão pouco! Quanto suor desperdiçado, mesmo no inverno! Quanto sofrimento psicológico, sem motivo suficientemente sério!

O que você costuma *dizer a si mesmo*, semanas, dias ou horas antes de sua apresentação? O que aconteceria se tudo desse errado? Que *diriam os outros* de você?

"Que vexame! Melhor mesmo seria fugir desse momento!"

"Será mesmo que vou me sair bem?"

"Acho que não vou conseguir..."

A imaginação voa solta, mostrando todas as possíveis falhas e a vergonha que poderia ser evitada.

Comece a *reprogramar* seu conteúdo mental negativo. Crie objetivos em relação a sua performance, visualize resultados e, passo a passo, uma a uma, conquiste as *pequenas vitórias* que levarão você a tornar-se um exímio comunicador.

Não será fácil. A tentação da desistência nos persegue constantemente. Em geral, nos sentimos tímidos e com pouco jeito para falar em público, de acordo com nossa autoavaliação.

Para superar gradativamente seus medos e melhorar sua desenvoltura diante do público, você pode pôr em prática outro ensinamento da PNL: a *modelagem*. Comece a "copiar", a duplicar em si as estratégias de grandes oradores. *Observe*-os fazendo, comunicando-se. *Pesquise* suas crenças e procure introjetá-las, pensando como eles pensariam. *Aja* como eles agem.

A modelagem é um passo decisivo na superação de medos e na conquista de novos horizontes. A partir dele, algumas decisões começarão a nortear nossas atitudes:

- mesmo tremendo, não deixaremos de falar;
- mesmo suando frio, enfrentaremos nossos limites;
- mesmo gaguejando, não largaremos o microfone.

Assim, o gosto das pequenas vitórias vai se consolidando em resultados sempre mais animadores, sempre mais gratificantes, a ponto de experimentarmos segurança e tranquilidade perante novos desafios.

Só quem experimenta sabe quanto é gostoso poder sentir-se vitorioso!

Não importa a origem, é maravilhoso poder considerar-se um campeão...

Quem sabe um dia ser um grande comunicador... e ensinar outros a sê-lo também!

9. Controlando a ansiedade

Se para muitos falar em público é um desafio, para outros até mesmo a simples leitura de um texto, no colégio ou na igreja, representa uma pequena proeza.

A *ansiedade* embarga a voz, tranca a garganta, faz tremer e gaguejar, acelera o coração, faz sentir um mal-estar no estômago, ter sensação de tontura, as mãos suam, a vista embaralha a ponto de não enxergar as letras... "um verdadeiro martírio", como o definem alguns.

Ansiedade é o *medo do que vai acontecer*, de o compromisso assumido não dar certo, de não correspondermos às nossas próprias expectativas ou às de outros, de sermos incapazes de fazer o que nos pedem.

A mente é inquieta e fugaz. Sempre que pode, refugia-se no passado ou lança-se ao futuro. Esquiva-se constantemente, viaja o tempo todo e foge do enfrentamento. É difícil permanecer no "aqui e agora".

Em certos momentos isso pode ser uma característica boa, positiva. Evitamos complicações, vergonhas ou frustrações. Protegemo-nos. No entanto, acabamos nos esquecendo de que é superando, vencendo e evoluindo que progredimos, aprimorando as lições da vida.

- Antes de mais nada, procure *controlar seus pensamentos*. Prenda-os. Chame-os de volta. Mantenha-os o mais possível sob o comando de sua consciência. Fale com eles, questionando o motivo de tanto medo, assumindo a tarefa como simples e descomplicada.

- Lembre-se: *respire fundo*, calma e lentamente. Inspire o ar contando consciente e mentalmente até quatro. Expire no mesmo ritmo, contando novamente até quatro. Faça um pequeno intervalo entre o inspirar e o expirar, prendendo um pouco a respiração. Isso acalma e relaxa e você retoma o controle da situação. O coração volta a pulsar serenamente, dando-lhe a segurança e a certeza de que tudo está bem.

Há pessoas que resolvem enfrentar sua ansiedade participando de grupos de teatro. Apesar das dificuldades iniciais, aprendem a encarar seu personagem e a viver, no palco, o comportamento e as atitudes de quem representam. Aos poucos vivenciam a coragem e a firmeza de quem é capaz. Alegram-se profundamente e motivam-se para novas conquistas. Com o tempo, o sabor do sucesso passa a acompanhá-las. Isso é muito bom!

O que para muitos é fácil, normal e rotineiro, para outros beira o martírio. A ansiedade, literalmente, os tortura. Basta estar sentado em um círculo, na empresa em que trabalham, numa simples reunião de avaliação, e o coração se agita. A respiração, entrecortada, piora o quadro.

Com treino e perseverança é possível superar essa ansiedade, e a sensação de alívio é enorme. Tudo volta à tranquilidade.

Por que sofrer por antecipação?

É esse o mal da ansiedade: sofrer uma semana antes, tudo em dose dupla, sem a mínima necessidade.

Por que não falar logo, em vez de ficar esperando, contando quantos ainda faltam até chegar sua vez?

Fale primeiro, quanto antes. Assim, o alívio chega mais rápido.

De lição em lição, de conquista em conquista, vamos nos aperfeiçoando. Começamos a gostar da ideia de que também nós somos capazes de intervir e expor nossas opiniões, de contribuir com nossas experiências. Um dia, até palestra vamos dar...

Ouse sonhar!

Sonhar é o primeiro passo, como ensina a Neurolinguística.

E por que não?

Ideias não nos faltam.

Quem viver, verá!

*Aqueça seu coração com a força da fé.
Suas orações fortalecerão
seu ânimo abatido,
fazendo-o andar de cabeça erguida
em meio às adversidades.*

10. Carteira de Habilitação

Dentre os medos mais comuns e frequentes está o medo de dirigir.

Há muitas pessoas que não dirigem automóveis. Descartam, de antemão, a possibilidade de fazê-lo, julgando-se incapazes de conseguir, com medo de enfrentar o trânsito. Preferem andar a pé ou usar algum meio de transporte coletivo. Outras chegam a tirar a Carteira de Habilitação mas, quando finalmente decidem estreá-la, entram em pânico e abandonam o carro em qualquer ponto da cidade e voltam a pé.

Também há aquelas que, mesmo sabendo guiar, e até fazendo isso razoavelmente bem quando estão sozinhas ao volante, sentem-se ansiosas quando levam algum passageiro. A sensação de estarem sendo observadas as deixa nervosas e então erram as marchas, cometem infrações por falta de atenção e as manobras mais simples tornam-se complicadas.

Entrar e sair da garagem, dar marcha à ré, parar numa ladeira... Tudo gera ansiedade. Dirigir em centros maiores, com trânsito intenso, é outro desafio que o medo em muito exagera. A imaginação é fértil.

"Ai, meu Deus, vai bater!"

"O sinal fechou... E se o carro morrer quando o sinal abrir?"

"E se acontecer um engarrafamento, o que eu faço?"

Tudo é um verdadeiro tormento.

Você se identifica com algum desses casos?

Pois então saiba que, com algumas estratégias de controle de ansiedade, as provas para obtenção da Carteira de Habilitação, em primeiro lugar, podem ser vencidas com relativa facilidade. Saber respirar corretamente, num ritmo calmo e profundo, é de extrema importância para o exame psicotécnico e para ter clareza de ideias na prova escrita. Na hora do exame prático, é evidente que o coração vai acelerar, as mãos vão suar um pouco; mas, com autocontrole, é possível encontrar a serenidade necessária para observar as normas de trânsito e garantir a aprovação. Essa será, então, mais uma pequena vitória no caminho de realizações maiores. Festeje sua conquista!

Como não se aprende a nadar sem entrar na água, ninguém se torna um hábil motorista sem pegar estrada, chuva, cerração, trânsito complicado. Tornar-se capaz de enfrentar intempéries e resolver os problemas inerentes ao ato de dirigir só se consegue com tempo e prática.

Se você, amigo leitor, estiver entre o número dos ansiosos que sofrem toda vez que ligam o carro, analise com cuidado seus pensamentos e os sentimentos que afloram.

- O que você se diz *antes* de dirigir?
- O medo já tomou conta e você nem percebeu ou é tempo de monitorar e controlar sua imaginação, os pensamentos negativos a seu respeito?
- *Antes* e *durante* o dirigir, que reações emocionais você tem?
- Como se comporta seu corpo: sua cabeça, seu estômago...?
- Você se lembrou de colocar em prática as técnicas de respiração que aprendeu, mentalizando-se positivamente e encorajando sua mente a exercer seu poder de controle sobre os medos?

Tudo isso, de alguma forma, todos os motoristas já vivenciaram.

Tudo isso pode ser posto em prática, até você também ser considerado um excelente condutor, livre de infrações e multas e, principalmente, livre dos desastres e das fatalidades que o trânsito infelizmente provoca.

Acredite em si mesmo e busque modelos, se for necessário.

11. Medo de ficar doente

Um dia, todos nos deparamos com a realidade da doença. Por meio dela, visualizamos o que não gostaríamos de lembrar: a morte. E temos medo.

A doença é a polaridade da saúde. Não existe vida humana, em nossas limitadas e tridimensionais proporções, sem a sua presença. Se nos ocupássemos muito mais em desenvolver hábitos de saúde, em ter pensamentos e sentimentos que a incentivassem, o medo de ficar doente diminuiria em muito.

Temos, porém, nossas crenças limitantes, pobres condicionamentos recebidos de nossos pais, na melhor de sua boa vontade. Em certos momentos, podemos recordar com nitidez, até mesmo ouvir a voz de nossa mãe em nossos ouvidos, as advertências de não apanhar chuva, não se molhar à toa, não andar descalço no frio... "para não ficar doente, filho".

As preocupações das mães, expressas de forma negativa, evidentemente são negligenciadas. Que criança não gosta de tomar banho de chuva? Mas, quando o fazem, escutam as censuras sob a forma de ameaças de gripe ou pneumonia: "Você vai se gripar!". E não dá outra: é molhar-se na chuva e a gripe estoura.

Todos nós passamos por isso e, quando adultos, carregamos conosco a criança que um dia fomos. Tudo está registrado em nosso inconsciente, sem passar por uma reprogramação. E, como tal, agimos como nos tempos da infância.

Nossa *criança interior*, cheia de crenças negativas e condicionamentos doentios, precisa ser reprogramada. Com a PNL, aprendemos que o primeiro passo é *criar uma nova percepção da realidade*. No caso da chuva: qual a importância dela para a vida?

O que de positivo ela encerra? Quais os benefícios para a natureza e os seres humanos?

Ao pensar nos seus aspectos positivos, e não, em primeiro lugar, se lembrar dela como "causadora de doenças", como ouvimos tantas vezes ao longo da vida, estamos RESSIGNIFICANDO a chuva, a água, o andar de pés descalços... sentindo a natureza como bênção e oportunidade de mais saúde ainda. Estaremos nos ocupando em *desenvolver saúde*, ligando-nos à polaridade positiva da vida. Seu fortalecimento representa automaticamente a ausência da doença. Fortalecendo o lado oposto, vivemos saudáveis, livres de eventuais males que possam nos acometer.

As crenças familiares e sociais de nossa cultura incluem um sem-número de preocupações para "não ficar doente". Na forma negativa de viver, ninguém se lembra do que fazer para "manter a saúde". E como tudo que se teme se atrai, é óbvio que as doenças também são atraídas. Por mais que se queira evitá-las, fazem parte do dia-a-dia de toda família, especialmente quando são numerosas.

Cuidados em não misturar certos tipos de comida (leite com manga, pêssego com água) recheiam o cardápio das recomendações culinárias. Até aqui, nada de especial. Mas há situações com as quais um terapeuta se depara seguidamente e que são muito piores.

- Quando alguém se impressiona tanto com a doença de outrem que se identifica com ela e começa a temê-la ou achar que a tem.

- Quando uma pessoa se torna *hipocondríaca*, com *mania de doença* e, inconscientemente, teme todas elas, vive angustiada com a possibilidade de adquirir ou a certeza de que já contraiu alguma.

- Em estágios mais adiantados, há pessoas que *não conseguem viver sem doença*. De alguma dor ou mal, inevitavelmente, sempre se queixam. Parecem não estar felizes sem sentir-se doentes. Consultas médicas frequentes, caixas e mais caixas de remédios... e sempre uma nova queixa aparece. São casos mais extremos. Precisam de tratamento para que a cura aconteça. E urgente!

Vontade de viver saudável.

Acreditar que é possível.

Reprogramações constantes gerando saúde.

Este é o convite. Boa sorte!

12. Explorando a vida

Como é bom julgar-se uma pessoa saudável e abençoada, ser apaixonado pela vida como se todos os dias fossem um convite a novas descobertas!

Todos nós temos limitações comuns a qualquer ser humano, pequenos medos que nos desafiam a crescer constantemente, um coração cheio de sonhos maravilhosos. O gosto inato pela aventura – em que vemos nossos limites sendo testados – chama-nos a fazer as mais diferentes e inovadoras experiências. Queremos saber mais. Sentir mais. VIVER MAIS! Como se buscássemos, nas coisas da terra, o sabor da VIDA PLENA que em nosso coração de águia palpita.

Caminhar sobre brasas, por exemplo, pode ser um grande desafio, guardado em segredo. É fascinante ver aquelas destemidas pessoas que, nos festejos de São João, correm sobre as brasas incandescentes da fogueira, como se o fogo não as queimasse. E não as queima mesmo!

Há algo de mágico, misterioso ou sobrenatural que a fé dessas pessoas desperte, ou é um fato absolutamente normal " caminhar sobre brasas" sem se queimar? Será que existe um certo ritmo que impede que os pés se queimem? Qual o segredo?

"Ah! Se eu pudesse um dia participar de um ritual assim, bem que eu gostaria!", você pode estar pensando enquanto lê estas linhas. E como existe a *lei da atração*, por vias totalmente inesperadas, de repente você pode deparar-se com essa oportunidade. Foi o que aconteceu comigo.

Há algum tempo, participei de um curso de aperfeiçoamento humano e profissional com um renomado professor, mestre na arte de influenciar pessoas. No quarto dia do curso, tive uma agradável surpresa. Naquela noite faríamos uma grande fogueira, na qual queimaríamos nossos medos e aqueceríamos nosso coração com o fogo da vida. Depois, cantando e exultando na magia de uma grande corrente de energia e fé, iríamos caminhar sobre as brasas. A frase do orientador caiu como uma bomba. Enquanto a plateia, estupefata, "congelou", vibrei de alegria e meu coração disparou. "É hoje! Finalmente!"

Quatro metros de brasas, espalhadas pelo chão pelos próprios participantes, estavam a nossa frente. Envoltos pelo poder de superação que a união de muitos produz, ao som de mantras e com a ideia fixa em palavras como "vitória", "sucesso", "saúde" e "libertação", todos caminhamos vitoriosos sobre as brasas.

Nenhuma bolha. Nenhuma queimadura. Inacreditável, num contexto diferente. Estávamos eufóricos, entusiasmados. Como que tocados pela magia do invisível.

"Sou capaz!"

É maravilhosa a sensação de vencer um antigo e secreto medo que nos impede de arriscar. O gosto das pequenas vitórias adquire um sabor especial.

"O que outros podem, eu também posso."

Se você também guarda um desafio em segredo, escreva essa frase em letras garrafais e coloque-a na cabeceira da cama. Divida sua crença de êxito com seus familiares. Durma sonhando com ela. Ao acordar, as palavras estarão inscritas em seu coração. As últimas, de modo especial, ressoarão fortemente aos ouvidos de sua alma:

"Eu também posso!"

13. O medo de altura

Parar na sacada do último andar de um edifício, ficar à beira de um abismo, debruçar-se sobre um rochedo para ver a água precipitar-se de uma cascata... tudo isso dá calafrios em quem sofre de medo de altura. As pernas ficam bambas e a cabeça gira, com um terrível medo de cair. Rapidamente é preciso afastar-se do perigo. A ameaça é real e assustadora.

Muitos sofrem com medo de altura. Mais do que talvez você imagina. Considere-se privilegiado se não sabe o que é um medo desses! O instinto de sobrevivência, impulsionado por nossos medos, previne-nos de forma um tanto exagerada diante de situações que englobam altura.

"É melhor evitar certas situações... essa é a atitude certa! Afinal, quantos já morreram ao cair de edifícios ou por jogar-se propositalmente de grandes alturas? E os que ficaram paraplégicos para sempre? E os que estão em estado vegetativo devido a quedas sofridas?"

Pensamentos negativos povoam a mente, gerados pelo lado do inconsciente regido pelos medos. Mas um outro lado do mesmo inconsciente, encarregado de nos fazer evoluir, crescer, superar limites, sugere uma atitude contrária.

"Seja prudente, mas explore a situação. Encare-a! Não a evite por evitar. Agarre-se bem, mas olhe de cima. Você pode! Suba mais! Comece a sentir-se dominando seu medo. Registre mais uma vitória. Vamos!"

Quem sofre de acrofobia pode levar anos praticando treinamento mental e expondo-se gradualmente a alturas. Anos de frio no estômago, suores e calafrios pelo corpo. Anos, também, de *pequenas vitórias*, cujo gosto ficará guardado para sempre em sua memória.

Voar de asa-delta, descer volumosas corredeiras pelo simples prazer da aventura em desafios radicais de canoagem, entrar para o clube de paraquedismo e jogar-se em queda livre a milhares de metros de altura... Desafios como esses podem parecer inimagináveis para quem fica tonto ao apoiar-se no parapeito da janela, só de olhar alguns metros para baixo. Mas nada é impossível para quem decididamente assume VIVER, ser responsável por sua felicidade, assumir proativamente sua profissão, sua família e sua comunidade.

Afinal, se as pernas de galinha nos prendem à terra e nos dizem que seguro é pisar no chão, as asas de águia nos convidam a buscar as alturas.

É lá que o céu é mais claro e o horizonte, mais amplo.

É lá que mora o coração dos que anseiam por Deus.

Lá, onde o infinito nos desafia e convida: "Venha! Suba mais!".

14. O medo de fracassar

Pode parecer estranho, mas o sucesso, às vezes, nos assusta.

Quando a bênção vem fácil demais e tudo corre bem, às mil maravilhas, desconfia-se do santo. A promessa foi tão grande ou a generosidade do santo é demasiada? Alguma coisa não deve estar certa.

"Só pode ter notícia ruim pela frente. É bom demais para ser verdade..."

Você já percebeu como o ser humano procura motivos para ser infeliz? Motivos para castigar-se, intrigado com a bondade de Deus e da vida, descrente das graças quando jorram abundantes? Já percebeu que, às vezes, o sucesso perturba e o *medo de fracassar* aparece instantaneamente?

Vez por outra deparamo-nos com essa estranha sensação de que tudo vai dar errado. O fracasso assemelha-se a um perigo iminente, prestes a cair sobre nossa cabeça e arruinar nossa vida. Momentos de conflito e ansiedade povoam nossa mente perturbada.

"O que diriam os mestres?", perguntamo-nos.

Mais uma vez a Neurolinguística vem em nosso auxílio.

Em primeiro lugar, descubra a *intenção positiva do medo*. Ele não "assusta só por assustar". Há uma mensagem escondida nele: descubra e interprete-a. Encare seu medo de forma positiva, como um convite e um desafio ao crescimento. Afinal, quando o medo nos alerta, tomamos os devidos cuidados, mantemo-nos suficientemente antenados, atentos ao momento atual, ao que é mais seguro ou previsível.

Descobertas as intenções positivas do medo, extraia delas as lições que o momento requer, criando uma postura mental de êxito, de enfrentamento e busca de soluções.

O medo de fracassar faz muitos desistirem no meio do caminho:

- Quanta iniciativa não terminada!
- Quantos sonhos desfeitos, antes de ao menos tentar concretizá-los!
- Quantos projetos no papel, morrendo como simples sonhos!
- Casas pela metade, famílias pela metade, amor pela metade, gente pela metade...

Em geral, desistimos das coisas facilmente demais, como se tudo fosse difícil, penoso, sofrido e praticamente impossível.

Onde se esconderam as VIRTUDES – *constância*, *perseverança* e *fortaleza*? Onde foram parar a persistência da fé, o poder da coragem e o otimismo do amor?

Chame-as, por favor, amigo leitor!

Nós precisamos delas!

15. Tenho sido um bom pai?

O medo se estende a todas as áreas da vida. Quem é tímido, inseguro ou introvertido por natureza, mesmo que tenha aprendido a comunicar-se melhor, a ser mais determinado e extrovertido, convive em seu íntimo com dúvidas e indecisões que o afligem.

Num mundo em que a mídia, o celular, a internet e a turma de amigos falam mais alto para um adolescente que a voz dos pais, é bem complicado exercer a função paterna de educar.

O *medo de errar* angustia o coração de qualquer pai ou mãe que deseja dar a melhor orientação para seus filhos. Quando esses pais forem um tanto exigentes e perfeccionistas, pior ainda.

Muitas vezes sofremos, em silêncio, procurando encontrar a atitude mais acertada para cada caso. Medo de ser inflexível demais, de cobrar muito, de exigir resultados além das possibilidades... Tudo nos deixa atribulados em nossa vontade de acertar. Flagramo-nos outras vezes sendo benevolentes ao extremo, relevando fatos que mereciam firmeza e imparcialidade de julgamento, sentindo-nos covardes e impotentes para agir.

Se você também se sente assim, procure nortear a educação de seus filhos pelo melhor dos parâmetros: "flexibilidade e firmeza com amor" é o que ensina a orientação familiar.

- O diálogo sincero com os filhos gera *flexibilidade* de ambas as partes. Não são apenas os pais que precisam ceder. Os filhos também precisam. "A virtude está no meio", diziam os antigos romanos, máxima ainda hoje válida. Nem tanto para lá, nem tanto para cá. As razões de ambos devem ser analisadas. E as decisões tomadas, sem dúvida, serão as mais justas e verdadeiras.

- Momentos há em que um "não" é não, e ponto final! Uma posição firme e segura dará à criança ou ao adolescente a certeza íntima de que é amado. Se isso nem sempre é fácil, é absolutamente necessário.

Ainda assim, é natural questionar-se a respeito das decisões tomadas em relação aos filhos. Serão as melhores?

- A menina tem um temperamento forte e é determinada. Um tanto agressiva em suas posições, segura de si, causa dores de cabeça frequentes devido a seus conturbados namoros.

- O rapaz, bem mais dócil em seu temperamento, vive desligado, aéreo, imerso em seu mundo eletrônico, de jogos interativos e papos vazios pela internet. Os estudos ficam relegados para um terceiro plano, pois antes deles o skate e o futebol têm preferência.

Não estaremos sendo omissos em nosso papel de pais? Deveríamos "pegar mais pesado" e incentivar o menino a estudar com mais afinco? Cortar a mesada, recolher o skate, proibir de sair, estipular horário para o namoro e o uso do computador... Algumas tentativas obtêm sucesso, outras não. O medo de errar, de não sermos bons pais, como sempre sonhamos, tira-nos, por vezes, o sono.

Conhecer nossas limitações e as dificuldades inerentes à educação e esforçarmo-nos para acertar nos encorajam em nosso caminho. Afinal, os medos nos desafiam a melhorar. Tenha consciência disso. Busque nisso sua alegria.

Saber a hora de marcar presença e a hora de distanciar-se é outro dilema. Permitir que o filho alce voo, se as asas já o suportam. Sustentá-lo, quando ainda forem frágeis demais. Estar aí, como se não estivesse, tornando-se aos poucos "dispensável". Conceder autonomia, possibilitando aos filhos o livre exercício de sua cidadania. E vibrar com cada conquista deles.

A vitória dos filhos é a vitória dos pais.

Que ambos sejam felizes!

*Os medos nos desafiam a melhorar.
É preciso conhecer nossas limitações e dificuldades
para aprender e evoluir.*

16. E se o amor terminar?

Quando se ama muito uma pessoa, pode acontecer de certos medos deixarem o coração intranquilo.

"Será que amo suficientemente?"

"E se o amor terminar, suportarei a ideia de uma separação?"

Ser traído, relegado, trocado por outro ou simplesmente ignorado pela indiferença de um desamor... Como conseguir lidar com situações assim?

O excesso de trabalho pode provocar um afastamento do cônjuge e dos filhos. Por vezes, é impossível conjugar com equilíbrio os dois verbos: "trabalhar" e "estar-junto". A situação pode parecer pior quando o companheiro também vive atarefado, com reuniões, palestras e cursos que absorvem a atenção.

Com o passar do tempo, o encantamento inicial da união já não é mais o mesmo. O amor parece ter esfriado. Faltam *sinais* dele. Um beijo, um abraço, um "eu te amo", um gesto de carinho, uma flor, um presente em datas especiais... E o medo de que o amor termine vai aumentando a ponto de gerar severa crise conjugal.

Salvadora crise conjugal, para ser mais exato.

Esses medos não são infundados, apesar de atrapalharem e poderem acabar atraindo o que se teme. Mas também servem para nos alertar a tempo de tomarmos providências.

Uma *terapia de casal* pode ser necessária para ativar o amor e o casamento readquirir de novo o sabor dos bons tempos iniciais. Preservar a família é importante, contanto que a vida conjugal seja bonita e satisfatória. Lutar contra o tédio é um esforço que depende dos dois. E quando se consegue entrar de novo em sintonia, o amor floresce novamente como a rosa que desabrocha, bela e perfumada, de tantos cuidados recebidos.

Cultivar o amor, diariamente, como planta de estimação. Só isso o mantém vivo, atraente e suficientemente motivado para enfrentar os desafios da convivência. Assim, será possível recompor, gradualmente, o quadro original, altamente atrativo em seus primeiros encantamentos. Um *reencantamento* começa então a processar-se: é gostoso estar juntos, namorar, amar-se intensamente, vivendo a alegria da comunhão e da cumplicidade partilhadas.

"Que o amor seja eterno" é o sonho de todo enamorado. Garanti-lo ninguém pode.

"Que seja eterno enquanto durar", dizem os mais bem-intencionados.

Seja qual for a situação, que possa ser vivido intensamente, como se degusta cada gole de vinho. Que seja, acima de tudo, belo para que a vida tenha ares de festa, e a saudade traga de volta, quanto antes, a pessoa amada que teve, momentaneamente, de se ausentar.

E os medos?

O amor tomará conta deles.

Com cuidados, vão se acalmar.

Eles sabem que... só o amor é mais forte que eles.

17. Quando o medo vira fobia

Fobias são medos intensos, irracionais, sem nenhuma lógica aparente. As reações provocadas são exageradas, desproporcionais, irrompem de repente. Uma vez registrado, o trauma não superado dispara automaticamente diante do objeto ou da situação causadora. O motivo é muito mais psicológico, emocional, do que a ameaça que a pessoa pensa sofrer.

Se você ou alguém da sua família tem problemas com fobias, é interessante estudá-las. Mesmo que à primeira vista pareçam totalmente incontroláveis, é possível livrar-se delas.

Dentre as muitas formas de uma fobia se apresentar, algumas são mais frequentemente encontradas:

- Às vezes, um inconsciente *obcecado por limpeza* faz sentir nojo e repulsa perante certos bichos ou insetos, em reações desmesuradas. Podem ser bichinhos inofensivos, como aranhas, pererecas, ratos, baratas, ou até mesmo gatos e cachorrinhos de estimação.
- A *agorafobia* é o medo de lugares abertos, de praças com grande fluxo de pessoas, ruas movimentadas. Trata-se do medo inconsciente de "perder-se" na multidão, de confundir-se com ela, de desaparecer, de perder sua identidade, ser apenas mais um no meio de tantos.
- A *claustrofobia* também é bastante comum. É o medo de lugares fechados, estreitos, pequenos, com proximidade ou não de pessoas, que podem dar a sensação de impossibilidade de sair, tais como elevador, banheiro, ônibus e avião.

Muitas dessas fobias têm origem no parto, quando o nascituro ficou preso com o cordão umbilical enrolado em seu pescoço, ou na infância, se a criança, como punição, foi desastrosamente trancada em um quarto escuro para espiar suas traquinagens. Na idade adulta, se a porta do banheiro não abre ou o elevador tem uma pane e para no meio do caminho, transformam-se em disparadores da fobia.

E para curar-se, como proceder?

Há pessoas que necessitam de psicoterapia. Sozinhas, não são capazes de superar o estado fóbico. Outras, seguindo certas estratégias de enfrentamento, conseguem excelentes resultados, realizando sua própria cura.

Se este for o seu caso, é importante seguir os passos abaixo:

a) Descubra sob que *forma* a fobia se apresenta e pergunte-se se você realmente quer se livrar dela. De que você tem um medo tão grande assim?

b) *Observe* suas reações, os sintomas que mais aparecem. É preciso *entendê-los* para poder lidar com eles. Você grita, foge, treme, sua, o estômago se revolta, o coração acelera, a cabeça tonteia... Que reações você tem ou provoca?

c) Tome *consciência*, o mais claramente possível, da situação: *apodere-se dela*.

d) *Respire*, lenta e pausadamente, encarando o momento.

e) Decida *ficar* aí, aconteça o que acontecer.

f) *Diga para si mesmo* que a situação não é tão ruim ou terrível assim. Está sob controle e *você pode lidar com ela*.

g) Resolva *olhar a situação de frente*, para ver no que vai dar.

Conseguindo realizar alguns desses passos, e repetindo-os frequentemente, com certeza sua fobia diminuirá. Insistindo, você se livra dela.

Há outras sugestões que podem ajudá-lo:

a) Exponha-se *mentalmente* ao objeto ou situação fóbica.
b) *Imagine-se* vendo ou estando à sua frente.
c) *Observe* imagens, fotografias ou gravuras do objeto ou animal temido.
d) *Toque* essas ilustrações.
e) Quando adquirir certa confiança, exponha-se *fisicamente*, de forma lenta e gradual, mantendo uma razoável distância, mesmo havendo uma cerca de arame ou vidro protetor. A ansiedade começará a diminuir e você poderá aproximar-se mais.

Repita esse exercício várias vezes. Reprograme sua mente. Aos poucos, a fobia desaparece. Importante é lembrar que *fobia tem cura*.

Procure ajudar-se ou busque terapia.

Ficar de braços cruzados, ignorando o fato, apenas piora a situação.

Viva plenamente! Cure-se!

*No mais íntimo de nossa alma,
estamos sempre em busca de Deus.
Nele, todos os medos terão fim.*

18. A síndrome do pânico

Distúrbio caracterizado por súbitos e recorrentes ataques de pânico, a síndrome do pânico é bem pior que fobia. Exagere bastante os sintomas da fobia e terá uma leve noção do que seja um ataque de pânico. A ansiedade chega ao limite do insuportável. A impressão é clara: se for além, é morte certa...

Na verdade, pânico não mata ninguém. Mas é uma sensação extremamente desconfortável, desesperadora e angustiante, a ponto de perder-se o controle. Por sorte, dura pouco. Em média a crise mais violenta leva cerca de cinco a dez minutos e então passa. Corre-se ao hospital e, ao chegar, a pessoa já melhorou. Mas isso não é motivo para não prestar auxílio: como em casos extremos o desespero é tão forte que a pessoa perde a lucidez, é preciso ficar atento aos sinais do pânico. Ele pode levar ao suicídio.

Um dos primeiros passos é distinguir medos de fobias e fobias de pânico. Há uma generalizada confusão na mente do povo (e não só do povo!) a respeito do assunto. É necessário conhecer o caminho para percorrê-lo de forma segura. Você pode explorá-lo por sua conta, cuidadosamente, ou deixar-se levar pela desinformação de outros, o que seria lamentável.

Há um *conjunto de fatores* que se somam e favorecem o surgimento da "síndrome do pânico":

- *Pessoas depressivas* facilmente se encaminham para grandes medos. Vivem inseguras e mentalmente debilitadas. Tudo lhes parece perigoso e intransponível. Não veem saída alguma e por isso afligem-se terrivelmente.

- *Pessoas com pânico* facilmente tornam-se depressivas. É um quadro que se integra e complementa, em perfeita retroalimentação. Há, felizmente também, depressivos sem pânico e vice-versa.

A ajuda profissional torna-se indispensável em casos típicos de pânico. Um somatório de esforços e terapias, por vezes, é necessária para debelar o mal. O médico psiquiatra saberá os remédios a prescrever. O psicoterapeuta saberá conduzir, com perspicácia e tenacidade, as sessões de dessensibilização de traumas ou outras possíveis causas que compõem o quadro de pânico.

Normalmente, a cura completa levará meses. Mas *ela existe*. É preciso buscá-la, decidida e teimosamente. Conseguindo resistir e olhar a "tormenta" de frente, você vence. É tarefa de campeões, e você pode ser um deles. E então sentirá o gosto não de uma pequena, mas de uma *grande vitória*.

- *Quanto antes* os sintomas forem tratados, melhor.
- *Quanto mais capacitados os profissionais* procurados, mais rápida a cura.
- *Quanto mais vontade própria* de quem sofre de pânico entrar em ação e *decidir curar-se*, mais eficaz e duradoura será a recuperação.

Lembre-se: *síndrome do pânico tem cura!*

Saiba disso com clareza, fazendo bom uso desse conhecimento para si e para quem dele necessitar.

A ciência está aí, pronta para ajudar.

Espalhe essa boa notícia.

Há sempre alguém precisando dela.

19. Medo de ser feliz?

Quando algum acontecimento negativo surge em nossa vida, facilmente, num primeiro momento, deixamo-nos abater pela tentação do desânimo. Pior: a tentação de *vitimizarmo-nos*, de sentir-nos relegados pela sorte, de achar que o mundo está contra nós... Sentimento de autopiedade, pena de si mesmo, de sofredor injustiçado.

"Será que não mereço ser feliz?"

"Por que comigo?"

"Logo agora, quando tudo parecia estar bem... De repente, o azar aparece!"

Aos poucos, começamos a ter medo de nos sentirmos felizes.

Estranho medo! Toda vez que o astral sobe muito, parece que algo de ruim vai suceder. Sem percebermos, começa a nascer uma *nova crença limitadora*: a de que não é bom vibrar muito com o sucesso, alegrar-se com conquistas, saborear a felicidade abertamente.

Será que é preciso esconder dos outros o gosto de nossas vitórias?

Por que não partilhá-las? Só para não despertar inveja?

Esses pensamentos costumam aflorar nessas circunstâncias. Sentimo-nos invejados e, por isso, as energias negativas nos derrubam. E, quando isso acontece, nós mesmos sentimos inveja do sucesso alheio. Muito estranho!

Comece a analisar sua autoestima.

Em certas épocas ela enfraquece e adquire aspectos negativos? É difícil reconhecer-se, então, como aquela pessoa que parecia tão ousada, dinâmica, proativa e determinada em seus objetivos?

Com certa urgência, é preciso *reativar* seu poder pessoal, sua capacidade vencedora, seus valores de cidadão respeitável e honrado. *Repense* antigas crenças trazidas de berço, como a que diz que "dinheiro não traz felicidade", "pobre vai mais fácil para o céu", "se dinheiro fosse fácil dava em árvore"... Elas estão escondidas em nosso inconsciente, irrompendo quando menos se espera. Basta algum projeto não dar certo, um imprevisto atrapalhar nossos planos e deparamo-nos com a força das velhas crenças.

Há ainda muito a ser reprogramado.

Conscientize-se de suas limitações. Aja. E logo!

"Eu mereço ser feliz", mentalize diariamente com muita fé e intensidade.

"Deus me ama. Sou uma pessoa abençoada em meus empreendimentos."

"Quanto mais feliz eu sou, mais condições eu tenho para sê-lo, e mais prosperidade eu mereço."

Aqueça seu coração com a força da fé. Reze. Suas orações fortalecerão seu ânimo abatido, fazendo-o andar de cabeça erguida em meio às adversidades. Seus medos calarão na medida de sua prece. Sua fé o impulsionará.

Você tem, sim, o direito de ser feliz!

20. As pequenas mortes de cada dia

Vez por outra, deparamo-nos com sérios questionamentos existenciais. Um deles é o medo da morte. Esse é o derradeiro medo que o ser humano alimenta. Nosso ego não admite perdas, e morrer é a suprema perda. Por isso, teme-a com todas as forças. Evita-a a qualquer custo. Foge dela desesperadamente.

É impossível, no entanto, fugir. No fim da estrada ela nos aguarda. Quando o cansaço da vida nos abate, ei-la a nossa frente. Impassível, esperando pacientemente por nós. Assusta porque é imprevisível, porque não falha, porque não poupa ninguém. A todos visita um dia.

Por estranho que pareça, *precisamos dela* para realizar nosso rito de passagem. É o jeito que a vida inventou para tirar-nos daqui, da fragilidade e transitoriedade terrenas.

Mesmo quem se considera jovem demais para preocupar-se com esse tema, quem acha que tem tempo – "Afinal, morre-se quando se está bem velho" –, de vez em quando sente certa intranquilidade quando o assunto passa por sua mente.

Será possível aprender a posicionar-se tranquila e serenamente diante da única certeza da vida: a morte? Como encarar, sem sobressaltos, a sua real possibilidade, a qualquer dia ou hora? Como preparar-se, conscientemente, para sua imprevisível chegada?

O desconhecido assusta pelo mistério que encerra em si. Inteirar-se do assunto nos dá uma sensação de controle e o medo diminui. Pode-se procurar, por exemplo, cursos de Escatologia, em que se estudam as realidades últimas: morte, juízo e ressurreição.

Quando desmistificamos a morte, a vida adquire um novo significado. O desapego dos bens materiais passa a conviver harmoniosamente com a sabedoria e a abundância da prosperidade. Podemos ser prósperos, ter dinheiro e bens materiais, sem nos apegarmos a eles, sem "possuí-los".

"Tudo é vosso mas vós sois de Deus" (cf. 1Cor 3,22-23). Seu coração não se deve prender a tesouros efêmeros "que as traças corroem" (cf. Mt 6,19-21).

"As pequenas mortes de cada dia": este é o primeiro e grande segredo para viver bem, sereno e esperançoso na precariedade humana. Ter mas não possuir. *Desprendimento* e *renúncia* para vencer as tentações de um mundo de consumo. *Reeducar o ego* para que aprenda a *ceder*, abnegar-se, aceitar as pequenas perdas de cada dia como necessárias e normais, como *pequenas mortes* que nos preparam para o supremo ato de entrega no momento derradeiro. Esse é o espírito evangélico de quem busca "em primeiro lugar o reino dos céus e sua justiça", sabendo que tudo mais lhe será dado em acréscimo (cf. Mt 6,23).

É o gosto das *pequenas vitórias* conduzindo à *vitória final.*

É um novo tempo que começa.

Lembre-se: sempre que alimentamos por certo tempo um desejo em nossa mente, o universo responde, movido pela lei da atração, para que se oportunize a realização do que desejamos.

Pense em sua vida familiar, social e profissional e imagine-a transcorrendo de forma equilibrada e feliz, cheia de saúde e planos para o futuro.

Levante-se definitivamente para seu voo de águia: coração inquieto buscando as alturas. A finitude buscando o infinito. A limitação buscando a plenitude.

No mais íntimo de nossa alma, estamos sempre em busca de Deus.

Nele, todos os medos terão fim.

Apenas o amor – o Eterno Amor – permanece para sempre .

Sumário

Introdução 5

1. Somos sonhadores 7
2. As primeiras luzes 9
3. Determinado a vencer 11
4. Superando etapas 13
5. Traumas de infância 15
6. Atitudes vencedoras perante o medo 17
7. Os medos necessários 19
8. O medo de falar em público 21
9. Controlando a ansiedade 23
10. Carteira de Habilitação 27
11. Medo de ficar doente 29
12. Explorando a vida 33
13. O medo de altura 35
14. O medo de fracassar 37
15. Tenho sido um bom pai? 39

16. E se o amor terminar?... 43

17. Quando o medo vira fobia.. 45

18. A síndrome do pânico 49

19. Medo de ser feliz? 51

20. As pequenas mortes de cada dia... 53